はじめに

様々な認知の働きと脳の活動が密接に関連していると広く考え始めるようになった現代において、皿の上にあるリンゴが赤く見えることや、トーストに塗ったバターが独特の風味を持つことも、つまるところ脳の中で起きていることとする人が増えているように思われる。しかし、リンゴの色やバターの風味を感じているのは、実際に生じているのは、リンゴやバターが目、舌、鼻といった感覚器官や神経をとおし脳の部位を刺激していることであり、脳という物質における物理化学的変化である。物理化学的変化という意味では、液体である水が温度の変化によって気体や固体になることと同じ性格のものである。また、脳という物質を漠然としてではなく、神経細胞が結びついたものとして捉え、人が物を認知するとき、人の神経細胞に生じている物理化学的変化を科学的に記述する活動が進められている。他方、リンゴの赤い色やバターの独特の風味は、脳という物質の物理化学的変化とは異なる相のものとして現れていることは、否定し難く、はたしてそのことはどういうことなのかという疑問が残るのは、私だけのことではないように思われる。

人には感じる、考える、欲するといった働きがあり、これらの働きは、長い間、身体ばかりでなく、身体とは別のものである心も関わっているものとされてきた。しかし、二十世紀半ば頃から、これらの働きにおける心の関わりを大きく見直し、実質的に脳を含む身体だけで説明する活動が英米圏より始まり、我が国においても、そのような活動を行う多くの研究者がおられる。「心の哲学」と呼ばれているそのような活動について一般の読者向けに書かれた著作は書店に並んでおり、私自身もそのような著作から活動の一端にふれた人間の一人である。

先に述べた、リンゴの赤い色やバターの独特の風味が現れることとはどういうことなのかという疑問は、人が持つ感じる働きに関わる疑問である。本書は人間における感じる働きの重要性に着目して広く論述を行った近代イギリスの哲学者であるジョン・ロックの考察などからヒントを得てまとめたものである。本書のタイトルにエッセイの語が含まれているのは、本書の趣が日本における随筆のそれと異なるものの、ヒントを得たロックの著作のタイトルにもエッセイ（ESSAY）の語が含まれていることに倣ったものである。

感じることから探る心についてのエッセイ❖目次

1 感じることについて

アニメやSF映画には、人間のように感じているように見える機械（ロボット）が登場するものの、現在のところ、機械が人の感覚器官にあたるセンサーで物を捉えるというのは、物から発せられた光や熱、物質などにより、センサーに物理化学的変化が生じることである。これに対し、人が感覚器官で物を捉えるというのは、物から発せられた光や熱、物質などにより、感覚器官、神経、脳といった身体に物理化学的変化が生じるとともに、心にある感じが生じることである。皮膚で物を捉えるときの感じ、舌で物を捉えるときの感じ、鼻で物を捉えるときの感じ、耳で物を捉えるときの感じ、目で物を捉えるときの感じ、これらは異なるものとして感じられる。また、皮膚で物を捉えるときでも熱い物と冷たい物が異なるものとして感じられるように、同じ感覚器官においても、捉える対象が異なることで、異なる感じが生じる。このように、感覚器官で物を捉えるとき心に生じる感じを総称して「物の感じ」と呼ぶこととしたい。

それでは、人が感覚器官で物を捉えるということを前で述べたように、物から発せられた光や熱、物質などにより、感覚器官、神経、脳といった身体に物理化学的変化が生じるとともに、心に物の感じが生じることであるとすると、心や脳と物との関係はどのようになるのであろうか。このことを検討する準備として、フィルムと被写体との関係について考えてみることとする。現代ではデジタルカメラが一般的であり、デジタルカメラではフィルムは使用されない。しかし、フィルムは長い間、写真をとるときに必要なものであり、赤いリンゴの写真をとる場合、白黒フィルムを使用したときは、リンゴの明暗が表され、カラーフィルムを使用したときは、リンゴの色彩が表されるという違いがある。リンゴの明暗や色彩は、リンゴの表面の状態を異なる面から表したものであり、明暗や色彩を生み出すリンゴの表面の物理化学的状態は同じである。この同じ状態を白黒フィルムで撮影し現像したネガを用いて感光紙に焼き付けると白黒写真となり、カラーフィルムで撮影し現像したネガを用いて感光紙に焼き付けるとカラー写真となる。リンゴの表面の物理化学的状態という対象の性質が同じであっても、表された結果が白黒写真、カラー写真のように異なることは、白黒フィルム、カラーフィルムといった表す側にあるものに、異なるところがあることによっている。

以上のようなフィルムと被写体との関係を参考にして、目で物を捉える場合の脳と物との関係について検討してみたい。例えば、人がリンゴを見る場合、リンゴの表面から反射し発せられた光が視覚器官や神経をとおして脳に作用する。その結果、リンゴの表面の状態を反映した物理化学的変化が脳に生じ、フィルムの場合と同じく、その変化はリンゴの表面の状態を表すものとなる。人以外の多くの生物も視覚器官やそれに連なる神経、脳を持っている。その中には、人には見えない紫外線を捉えることができるものもいるとされている。そのような生物では、対象から反射し発せられた光が視覚器官や神経をとおして脳に作用し、その結果脳に生じる変化は、紫外線によってはじめて捉えられる対象の状態も表すものとなる。このように、視覚器官で物を捉える場合の脳と対象との関係において、同じ対象であっても、視覚器官、神経、脳の側に異なるところがあるとき、脳に生じた変化が表す対象の状態は異なることになる。

それでは、人が目で物を捉える場合、心と物との関係はどのようになるのであろうか。例えば、人が赤いリンゴを見るとき、赤い感じが生じる心の状態は赤さというリンゴの性質を表すものの、正確には赤く感じられるというリンゴの性質を表している。赤いリンゴを見るとき、脳の状態が表すのは、特定の波長の光を反射する状態にあるリンゴの性質であり、この性質は人の持つ感じる働きに関わらず存在するものである。これに対し、赤いリンゴを見るとき、赤い感じが生じる心の状態が表すのは、赤く感じられるというリンゴの性質であり、この性質は人が持つ感じる働きに関わって存在するものと思われる。このような違いは、目で物を捉える場合に限るものではなく、人が感覚器官で物を捉える場合、脳の状態が表すのは、物が特定の光や熱、物質などを発する状態にあるという物の性質であるのに対し、物の感じが生じる心の状態が表すのは、物が物の感じのように感じられるという物の性質である。前者の性質は人が持つ感じる働きに関わらず存在するのに対し、後者の性質は人が持つ感じる働きに関わって存在する。

2
認知について

考えも観念も英語ではひとつの語（idea）で表されるのに対し、日本語では異なる語感の語で表されることとなる。このため、日本語でよい考えがあると言うとき、その考えが本当によいか疑う人があるにしても考えがあることまで疑う人は少ないものと思われる。これに対し、日本語で観念があるというとき、観念のようなものはあるのか、またあるとしてもかなり曖昧なものではないかと疑う人は現代の日本では少なからずいるのではないかと思われる。このように疑いの目で見られる懸念のある観念という存在ではあるが、単純に観念を意識の内容と結び付けて考えるとすれば、観念を心の状態として捉えることが可能となる。

例えば人がリンゴを見て赤いと感じるとき、単純に赤さの観念を赤いと感じる意識の内容と結びつけて考えるとすれば、赤さの観念を赤さという物の感じが生じる心の状態として捉えることが可能となる。このような観念の捉え方はリンゴの赤さにとどまらない。例えばテーブルの上に磁器でできたポットがおかれていて、ポットの白さを感じるとき、さらにはポットに湯が注がれていたとするとそれに触れることで表面の固さや熱さといった様々なものを感じるとき、白さ、固さ、熱さの観念について、白い、固い、熱いと感じる意識の内容と結び付けて考えるとするならば、これらの観念をこれらのものの物の感じが生じる心の状態として捉えることが可能となる。観念についてこのように考える場合、感覚器官で物を捉えるとき、物の感じが生じる心の状態は観念の代表的なものとなる。

感覚器官で物を捉えるときに生じる心の状態に加え、人には心の状態に気づく心の状態というものがある。例えば月曜日の朝、仕事に行くため駅へのいつもの道を歩いていたとしよう。その日の朝一番にしなければいけない仕事のことに注意が向いていて、見なれている道の景色には注意が向いていないとする。そのとき、駅への道の途中にあるコンビニの前で、ふとコンビニのところまで歩いてきていることに気づいたとしよう。コンビニのところまで歩いてきていることに気づくということは自分の身体のおかれた状況に気づくことである。自分の身体がおかれた状況に気づくことの中には、その状況において視覚器官や聴覚器官で自分の身体のまわりの物を捉えるときに生じる心の状態に気づくことが含まれている。このように自分の身体のおかれた状況に気づくことにおいては感覚器官で物を捉えることが直接的なものとして関わっている。しかし、自分の身体のおかれた状況にではなく心の状態に気づくことにおいては、感覚器官で物を捉えることが直接的なものとして関わっていない。すぐ前に述べた例においても、その日の朝一番にしなければいけない仕事のことに注意が向いている心の状態が気づきの対象とすると、感覚器官で物を捉えることは直接的なものとして関わっていない。

それでは感覚器官で物を捉えることが直接的なものとして関わっていない心の状態にはどのようなものがあるのであろうか。午後は雨が降りそうだと思うこと、新商品の企画を考えること、長年の取引先が示す納期を信じること、夏には旅行に行きたいと欲すること等々の思う、考える、信じる、欲するといった心の状態がそれになる。このことと先に述べたように観念を心の状態として捉えることとを考え合わせるとすると、何かを思う、考える、信じる、欲することは観念を形成することであり、それらの観念を心の状態として捉えることとなる。さらに、何かを思っている、考えている、信じている、欲していることに気づいているとすると、そのように気づくことは観念を形成することであり、その観念を心の状態として捉えることとなる。

それでは何かを思っている、考えている、信じている、欲していることに気づくとは、どのようなことなのであろうか。私たちの国をはじめとした多くの国で人口の高齢化が進み様々な問題を生じさせている。そのひとつに認知症の問題がある。認知機能が低下した人の中には自分の身体がおかれた状況の認知が適切にできず、場合によっては徘徊をするようなことがあるものとされている。また、自分の思っていること、考えていること、信じていること、欲していることの認知が適切にできず、家族をはじめとする周囲の人々との間に混乱を生じさせるようなことがあるとされている。このような事例においても、認知機能の低下とされているのは、認知ができないことではなく、認知が適切にできないことのように思われる。自分の身体がおかれている状況が分からず徘徊している人であっても、自分の身体がおかれた状況が分からないことは認知している故に徘徊しているのではないだろうか。自分の思っていること、考えていること、信じていること、欲していることによって周囲の人々との間に混乱を生じさせているとしても、そのような混乱を生じさせるような内容でその人は思い、考え、信じ、欲しているのではないだろうか。このように考えるとすると、認知機能の低下の多くは認知の内容との関わりにおいて捉えられており、認知そのものが失われているものとして捉えられていないように思われる。自分の思っていること、考えていること、信じていること、欲していることを認知するとは自分がこれらのことをしていることに気づくことである。仮に認知している内容が周囲の人々との間に混乱を生じさせるようなものであったとしてでもそうである。何かを思い、考え、信じ、欲することに気づくとは、そのようなことを認知することである。(注1)

認知症による認知機能の低下は脳の疾患によるものとされている。疾患の詳細がどこまで解明されているか知悉していないものの、脳を構成する神経細胞レベルでの変化によるものとされることが多いように思われる。このように、認知症による認知機能の低下が脳の疾患によるものとすると認知には脳が深く関わっていることになる。認知の内容には思うこと、考えること、信じること、欲することとともに、感じることがある。感じることと脳との関わりを示すものとして、感覚器官や感覚器官と脳を結ぶ神経、感覚を司る脳の部位に損傷が生じることで、認知の内容から感じることが失われることが挙げられる。人が感覚器官で対象を捉えるとき、対象から発せられた光や熱、物質などにより脳に物理化学的変化が生じるとともに心に物の感じが生じるとすると、感覚器官や神経、脳の部位の損傷によりそのような物理化学的変化が生じないとすると心にも物の感じが生じないこととなる。このように感じることにおいて心の状態は脳の状態と深く関わっているとすることは、思うこと、考えること、信じること、欲することにおいても心の状態は脳の状態と深く関わるとすることを整合性の観点から示唆するものである。心の状態が脳の状態とどのように関わるかは別途考えていくこととしたい。

3

物質の性質について

皿を見て丸くて白いと思うとき、その皿は本当に丸くて白いのであろうか。私たちは現代の物質観の下、皿はひとつの物質であり、物質はおしなべて分子や原子より成っていると考えていることから、皿も分子や原子から成っているものと考えている。そのように考えているとして、分子や原子の集まりである皿は本当に丸くて白いのであろうか。

「1 感じることについて」のところで述べたように、例えば人が赤いリンゴを見るとき、脳の状態が表すのは特定の波長の光を反射する状態にあるリンゴの性質であり、この性質は人が持つ感じる働きに関わらず存在するものであるのに対し、赤い感じが生じる心の状態が表すのは赤く感じられるというリンゴの性質であり、この性質は人が持つ感じる働きに関わって存在するものと思われる。同様に、人が白い皿を見るとき、脳の状態が表すのは特定の波長の光を反射する状態にある皿の性質であるのに対し、白い感じが生じる心の状態が表すのは白く感じられるという皿の性質である。それでは、このように赤く感じられるというリンゴの性質や白く感じられるという皿の性質は、人が持つ感じる働きに関わって存在する以上、人が持つ感じる働きとの関わりに応じて、それらの性質はその存在も含め変化することになるのであろうか。次のような事象、すなわち「白い皿であっても、それが白く感じられるのは、裸眼で見た場合のことであって、仮に黄色いレンズの眼鏡をかけて見た場合、皿は黄色く感じられることとなる」に照らしてこのことを考えてみたい。この事象において裸眼で見ることから黄色いレンズの眼鏡をかけて見ることへの変化が皿を見る人に生じているものの、皿の物質的変化は生じていない。このように皿の色の変化が皿の物質的変化とは別に生じることから、皿の色は皿の物質的性質ではないとの見方が考えられる。さらに、裸眼で見ることから黄色いレンズの眼鏡をかけて見ることとの変化は、白い皿の表面で反射した光の波長が黄色いレンズを通して目に入ってくることで、その光によって生じる脳の物理化学的状態が変化することとなり、そのような脳の状態の変化とともに心の状態にも変化が生じ、皿の色の変化が生じるとすることも、皿の色は皿の物質的性質ではないとする見方と整合することとなる。このように皿の色は皿の物質的性質ではないとした場合、皿の色はどのように存在しているのであろうか。すぐ前に見たように、白い皿も裸眼でなく黄色いレンズの眼鏡をかけて見ると脳の状態に変化が生じ、そのように変化した脳の状態とともに心の状態に変化が生じているとするのであれば、皿の色は皿を見ている人の脳の状態として存在しているとする見方が考えられる。確かに、物を見るのは感覚器官によってであり、実際に皿を見て皿が白い、黄色いと感じるとき、視覚器官である目を通して入ってくる皿からの光により神経さらには脳に変化が生じており、この脳の状態の変化を伴わずに色の感じが生じることは考え難く、そのような意味において皿の色の存在は脳の状態が関わっているものと考えられる。そうではあっても、白や黄色の物の感じが生じる心の状態が存在しない場合、実際に皿を見て白い、黄色いと感じるようなことがあるのかという疑問が生じるように思われる。確かに、心の状態は脳の状態に他ならないとするのであれば、そのような疑問は生じないようにも思われる。しかし、実際に皿を見て、白い、黄色いと感じる心の状態と皿からの光により生じる脳の物理化学的状態と同じであるとすることについて、脳の物理化学的状態を視覚器官で捉えた場合の物の感じは白や黄色の物の感じと異なり、白や黄色の物の感じそのものが原子や分子で構成されていないことから、これらが同じであるとするのは、はたしてどういうことなのかという疑問が残ることとなる。

このような疑問に対しどう考えたらよいか改めて検討するとして、このような疑問が出てくるきっかけとなった皿の色は皿の物質的性質ではないとする見方について考えてみたい。確かに、「白い皿であっても、それが白く感じられるのは、裸眼で見た場合のことであって、仮に黄色いレンズの眼鏡をかけて見た場合、皿は黄色く感じられることとなる」

という事象に照らすと皿の色がそのままの皿の物質的性質として実現しているとすることは難しい。しかし、皿を見て皿が白いと感じることは、皿の物質的性質により特定の波長の光が皿の表面で反射し、裸眼であればその波長の光が目から入り、神経さらには脳が刺激されることで生じる脳の状態とともに生じるものである。そうであれば、白い皿はその皿を実際に見た人に白く感じさせる力を持っていると捉えられるのではないだろうか。(注2)また、ここで用いている力という語を可能性という語で置きかえることも考えられる。そうであれば、白い皿は白さを可能的な性質として持っており、白さが現実的な性質となるのは、人がある条件の下（例えば裸眼）で実際にその皿を見る場合であるといったように捉えられるのではないだろうか。このように捉える場合、皿の色は皿の物質的性質ではないとしても、物質である皿の性質となる。

それでは分子や原子の集まりである皿は本当に丸いのであろうか。この疑問に対し、皿を見て皿が丸く見えるように丸いのかという疑問と皿は物質である以上何らかの形を持ち、形のひとつとして丸いことがあるのかという疑問を分け、まず前者の疑問について考えてみたい。白い皿を見て白く感じられるという皿の性質は、人が持つ感じる働きに関わって存在するということについて、「白い皿であっても、それが白く感じられるのは、裸眼で見た場合のことであって、仮に黄色いレンズの眼鏡をかけて見た場合、皿は黄色く感じられることとなる」という事象に照らし検討した。同様に丸い皿を見て丸く感じられるという皿の性質は、人が持つ感じる働きに関わって存在するということについて、「丸い皿であっても、それが丸く感じられるのは、裸眼で見た場合のことであって、仮に歪んだレンズの眼鏡をかけて見た場合、皿は歪んだ形に感じられることとなる」という事象に照らし検討することが考えられる。このような作為的な事象を持ち出さなくても、乱視の人間が視力検査を行う場合、裸眼では検査に使用する図形が歪んで見えるのに対し、適当な眼鏡で矯正したときは歪まない図形が見えることは日常経験される事象である。いずれの事象においても同じではあるが、簡明にするため皿の事象で考えると、丸い皿を裸眼から歪んだレンズの入った眼鏡をかけて見ることへの変化は皿を見る人に生じているものの、皿の物質的変化は生じていない。このように皿の形の変化が皿の物質的変化とは別に生じることから、皿の形は皿や視力検査の器具の物質的性質ではないとする見方が考えられる。この見方に対し、裸眼で見ることから歪んだレンズが入った眼鏡をかけて見ることとの変化は、皿の表面で反射した光の束がレンズを通して目に入ってくることで、その光の束によって生じる脳の物理化学的状態が変化することとなり、そのような脳の状態の変化とともに心の状態にも変化が生じ、皿の形に変化が生じたとするとしても、皿の色について検討したのと同様、皿の形はどのように存在しているのかという疑問は残ることとなる。また、白い皿は白さを可能的な性質として持っており、白さが現実的な性質となるのは、人がある条件の下、実際にその皿を見る場合であるといったように捉えることが考えられるのと同様、丸い皿は丸さを可能的な性質として持っており、丸さが現実的な性質となるのは、人がある条件の下、実際にその皿を見る場合であるといったように捉えることが考えられる。

これまでの考察において、人が皿を見て白い、丸いと感じることは、皿の表面で反射した光が目から入ることで神経、脳を刺激し、刺激された脳の状態とともに生じているとしている以上、物質としての皿、目、神経、脳の存在を前提としたものである。そうであるとすると、皿ばかりでなく目、神経、脳は物質である以上、何らかの形を持つものとして存在していることしているのであろうか。確かに、目、神経、脳に限らず、私たちが通常物質であるとしているものには、何らかの形がある。しかしここで言う形は私たちが感覚で物質を捉えるとき、それとともに感じられる形である。視覚で物質を捉えるとき、物質は色の広がりとして感じられ、色の広がりは形を持つものとして感じられる。触覚で物質を捉えるとき、物質は固さ、柔らかさの広がりとして感じられ、固さ、柔らかさの広がりは形を持つものとして感じられる。色の広がりを丸い、四角いと分類することや固さ、柔らかさの広がりをボール状、サイコロ状と分類するには感じる働きとは別に共通点を見出す働きの関与が必要であり、共通点を見出す働きの対象である色の広がりや固さ、柔らかさの広がりが感じる働きによってもたらされているものである。このように考えると私たちが通常物質の性質であるとしている物質の形は、実は物質を感覚で捉えることともに生じる色の広がりの感じや固さ、柔らかさの感じの広がりについて、共通点を見出す働きの下で捉え直したものであるとする見方が成立しうるように思われる。すなわち、色の広がりについて、共通点を見出す働きの下で捉え直すことで丸い、四角いと分類し、固さ、柔らかさの広がりについて、共通点を見出す働きの下で捉え直すことでボール状、サイコロ状と分類することとなる。さらには、このような見方の延長上に、物質が丸い、四角い、ボール状、サイコロ状といった形を持つことは感覚器官を用いた経験によって明らかな事実であり、個々の物質が具体的にどのような形をしているかは人が持つ感じる働きに関わるものであるとしても、物質が何らかの形を持つことは、人が持つ感じる働きに関わらない事実であるとする見方が生じてくるように思われる。(注3) 物質には形があり、それなりの理由がない限り物質の形は変わらないとすることは、私たちの日常における強固な信念のひとつである。金属で出来たまっすぐな棒を水中に入れたとき、水面のところで折れ曲がって見えることについて、棒の形が変わったとは考えず、光の屈折により折れ曲がって見えるものと考える。物質には形があり、それなりの理由がない限りその形は変わらないということは日常的な信念であり、日常的な信念の先にある物理学や化学の知識も物質の形が変わったときの理由を説明するものとして、そのような信念を支えるものとなっている。例えば、炎天下で鉄道のレールが変形することは、レールが熱せられて膨張したためであり、熱せられたレールが膨張することはレールの金属原子の状態が変化したことによるというような説明がなされる。物質には形があるとする信念は、色の広がりや固さ、柔らかさの広がりについて、共通点や類似点を見出すことで分類することに始まり、共通点や類似点を見出すことは考える働きのひとつであるとすると、物質の形の認知には考える働きが関わっている。さらにそれなりの理由がない限り物質の形は変わらないとすることが物理学や化学として体系化されている現代の物質観により支えられていることも、物資の形の認知には単に感じる働きが関わるのではなく、考える働きも関わっていることを示すものである。

4 認知の素材について

「2 認知について」のところで述べたように、感覚器官で物を捉えるときに生じる心の状態に加え、感覚器官で物を捉えることが直接的なものとして関わっていない心の状態がある。またこれらの心の状態に気づく心の状態がある。このような様々な心の状態が認知の内容であり、認知の内容を大まかに分類してみることをとおして、認知の素材となるものについて考えてみたい(注4)。

感覚器官で物を捉えるときに生じる心の状態には、視覚器官、聴覚器官、味覚器官、臭覚器官、触覚器官各々で物を捉えたときに生じる心の状態がある。

視覚器官で物を捉えるとき、心の状態は色の感じが生じるものとなり、その色も物によって赤、黄、青などと様々であり、同じ色であっても濃淡や明暗の違いがある。ひとつの色が一様に広がることもあれば、いくつかの色が混じりあっていることもある。

聴覚器官で物を捉えるとき、心の状態は音が生じるものとなり、その音も物によって高い音、低い音と様々であり、同じ音であってもはっきりした音もあればぼんやりした音もあり、大きな音もあれば小さな音もある。ひとつの音が続くこともあれば、音が変わりながら続くこともある。

味覚器官で物を捉えるとき、心の状態は味が生じるものとなり、その味も物によって、甘い、苦い、酸っぱい、辛いなどと様々であり、同じ味であってもとても甘い、少し甘いといったように程度の違いがある。キャンデーを口に含むときなど同じ甘さが続くこともあれば、いくつかの調味料が入った料理を食べるときなど味が変わりながら広がることもある。

臭覚器官で物を捉えるとき、心の状態はにおいが生じるものとなり、そのにおいも物によってアロマのようにさわやかなものもあれば腐敗物のようにくさいものもある。同じにおいであっても強いものもあれば弱いものもある。

触覚器官で物を捉えるとき、心の状態は熱さ、冷たさ、温かさ、寒さの感じや固さ、柔らかさの感じ、ざらざら、つるつるといった感じが生じるものとなる。視覚器官である目、聴覚器官である耳、臭覚器官である鼻、味覚器官である舌は身体の表面の一部に備わり、触覚器官である皮膚は身体の表面全体に備わっている。このことから、目や耳、鼻、舌は皮膚が分化したものであり、触覚器官は最も基礎的な感覚器官であるものと思われる。地球上には様々な生物がおり、その中には単細胞から成っているものもあれば、多くの細胞から成っているものもある。多くの細胞から成っているものも、その体の表面は鱗で覆われているもの、羽で覆われているもの、毛で覆われているものと様々である。単細胞から成っている生物も、細胞の表面にあたった光に反応するのであれば、細胞の表面は感覚器官のように機能しているのではないかと思われる。多くの細胞から成っている生物も体の表面の違いによって体の表面が触れた物への反応の仕方が異なるようなことがあるのかもしれない。そうであっても単細胞から成っている生物や多くの細胞から成っている生物にも心のようなものがあって、細胞の表面にあたった光に反応するときや体の表面で物に触れるとき、心のようなものの状態は物の感じが生じるものとなるのか知るよしもない。実際、同じ人間であっても、他者と自分が同じ物を形態的に等しい感覚器官で捉えるとき、他者の脳の状態でなく心の状態がどのようなものであるのかは、自分の心の状態から類推するしかない。

以上のように、感覚器官で物を捉えるとき、視覚器官、聴覚器官、臭覚器官、味覚器官、触覚器官の各々について生じる心の状態に加え、これらの感覚器官にまたがって生じる心の状態のようなものはあるのであろうか。

リンゴを見るとき、心の状態はリンゴの色の感じが生じるものであり、その色の感じは広がりを持つものである。同時にリンゴを手で触るとき、心の状態はリンゴの固さの感じが生じるものであり、その固さの感じは広がりを持つものである。これらのことから、広がりは視覚器官と触覚器官とにまたがって生じる心の状態であるように思われる。このように広がりが視覚器官と触覚器官とにまたがって生じる心の状態であるとすると、広がりが生じる心の状態は色の生じる心の状態や固さの生じる心の状態とは別のものなのであろうか。広がりは視覚器官と触覚器官とにまたがって生じるとともに、赤いリンゴが白い皿の上に置かれているとき、リンゴの赤い色も皿の白い色も広がりを持つように、実際上、視覚器官で物を捉えるとき、心の状態は点のような色の感じが生じるのではなく、広がりを持った色の感じが生じることとなる。同様に、リンゴに続けて、皿を手で触るとき、リンゴの固さも皿の固さも広がりを持つものであり、心の状態は点のような固さの感じが生じるのではなく、広がりを持った固さの感じが生じることとなる。これらのことから、広がりが生じる心の状態は色の生じる心の状態や固さの生じる心の状態とは別のものと言うよりは、色の生じる心の状態、固さの生じる心の状態それぞれと一体のものであるものと思われる。このように色の生じる心の状態と一体である広がりが生じる心の状態と固さの生じる心の状態と一体である広がりが生じる心の状態について、広がりという観点から共通点があるとすることは、視覚器官と触覚器官とにまたがる感覚のようなものがあって、それによってもたらされると言うよりは、視覚器官、触覚器官それぞれで物を捉えるとき、それぞれとともにもたらされた心の状態について、共通点を見出す働きの下で捉え直すことによってもたらされるものである。いいかえると、視覚器官、触覚器官それぞれで物を捉えるとき、それぞれとともにもたらされる心の状態がいわば認知の素材となり、共通点を見出すという考える働きの下でもたらされるものである。

広がりに加え、形、動きも視覚器官と触覚器官にまたがって生じる心の状態である。視覚器官で物を捉えるとき、色の広がりは絵画のように平板であるのに対し、触覚器官で物を捉えるとき、固さ、柔らかさの広がりは彫刻のように奥行がある。このような違いのある色の広がりと固さ、柔らかさの広がりがある形を共有するとすることは、視覚器官、触覚器官それぞれで物を捉えるとき、それぞれとともにもたらされる心の状態について、共通点を見出すという考える働きの下で捉え直すことによってもたらされるものである。また、視覚器官で物を捉えるとき、物が動いている場合と動いていない場合とでは、色の広がりが変わる、変わらないという違いがあり、触覚器官で物を捉えるときも、物が動いている場合と動いていない場合とでは、固さ、柔らかさの広がりが変わる、変わらないという違いがある。これらの違いがある中で、色の広がりと固さ、柔らかさの広がりが変わること、変わらないことを共有するとすることは、形の場合と同様、視覚器官、触覚器官それぞれで物を捉えるとき、それぞれとともにもたらされる心の状態について、共通点を見出すという働きの下で捉え直すことによってもたらされるものである。これらの場合においても、視覚器官、触覚器官それぞれで物を捉えるとき、それぞれとともにもたらされる心の状態は認知の素材であり、共通点を見出すことは考える働きによる。(注5)

私たちが日々経験するように、物質の性質は人の認知の多くの部分を占めている。「3　物質の性質について」のところで述べたように、人が赤いリンゴを見るとき、赤い感じが生じる心の状態が表すのは赤く感じられるというリンゴの性質であり、この性質は人が持つ感じる働きに関わって存在するものであり、赤の感じに限らず、視覚器官で物を捉えるとき、色の感じが生じる心の状態が表す物質の性質は、人が持つ感じる働きに関わって存在するものである。同様に、聴覚器官で物を捉えるときに生じる音の感じ、臭覚器官で物を捉えるときに生じるにおいの感じ、味覚器官で物を捉えるときに生じる味の感じ、触覚器官で物を捉えるときに生じる固さ、柔らかさの感じや熱さ、冷たさの感じなども、人が持つ感じる働きに関わって存在するものである。他方、物質の性質には形のように、人が持つ考える働きに関わって存在するものがあり、広がりや動くことも人が持つ考える働きに関わって存在するものである。このように人が持つ考える働きに関わって存在する物質の性質は、分類したり、共通点を見出したりする考える働きが、視覚器官、聴覚器官、臭覚器官、味覚器官、触覚器官で物を捉えるときに生じる物の感じを対象になされることでもたらされるものであり、これらの物の感じが認知の素材となっている。
人が認知することの中には喜びや苦しみなどの感情が生じる心の状態がある。嗜好品を楽しむとき、味覚で物を捉えるときの味の感じに加え、喜びの感情が生じ、高熱の物に触るとき、触覚で物を捉えるときに生じる熱さの感じに加え、苦しみの感情が生じる。これらの例から見てとれるように、喜びや苦しみなどの感情は、感覚器官で物を捉えるときに生じるものであったとしても、物の感じとは別の感じであることから、認知の素材としても物の感じとは別のものである。喜び、苦しみなどの感情は、感覚器官で物を捉えるときに生じる物の感じばかりでなく、考えること、疑うことなどとともにも生じる。例えば、夏の休暇を考えることは喜びであり、信じていた人を疑うことは苦しみである。このように様々なケースで生じる喜びや苦しみなどの感情を対象に、考える働きは分類したり、共通点を見出したりすることとなる。(注6)
人が認知することの中には、さらに自らの心の状態がある。この心の状態には、感覚器官で物を捉えるとき、物の感じが生じている心の状態に加え、記憶や想像力をたよりにして過去や未来のことを思っている心の状態や、考えたり、信じたり、欲したりしている心の状態がある。さらには、これらの心の状態に伴い喜びや苦しみなどの感情が生じている心の状態がある。記憶や想像力をたよりに考えている過去や未来のことの素材はそれ以前に感覚器官で物を捉えるときに生じた物の感じである。また、これに限らず、考えていることが考える働きによりもたらされるものであったとしても、考える働きの素材はやはり感覚器官で物を捉えるときに生じる物の感じである。実際、観察に基づいて物質の性質について考えるとき、感覚器官で物を捉えるときに生じる物の感じを素材として分類したり、共通点を見出したりすることとなる。また、文献に基づいて考えるとき、文献は文字という多くの図形から成っており、視覚器官でこの図形を捉えるときに生じる物の感じを素材に考えることとなる。他方、自らの心の状態を認知する場合、認知の内容が心の状態であり、その心の状態の素材が感覚器官で物を捉えるときに生じる物の感じであったとしても、自らの心の状態を認知する心の状態においては、感覚器官で物を捉えるときに生じる物の感じに加え、自らの心の状態を認知する心の働きによってもたらされる心の状態が含まれることとなる。

以上のことから、感覚器官で物を捉えるときに生じる物の感じ、喜びや苦しみなどの感情、自らの心の状態を認知する心の働きによってもたらされる心の状態が認知の素材であるものと考えられる。

5

考える働きについて

「4　認知の素材について」のところで述べたように、感覚器官で物を捉えるときに生じる物の感じは認知の素材であり、この認知の素材について、共通点を見出すという考える働きの下で捉え直すことによって、広がり、形、動きの認知がもたらされる。広がり、形、動きの認知がもたらされることは、感覚器官で物を捉えるときに生じる物の感じが、共通点を見出すという考える働きの下で広がり、形、動きという区切りで分節されることでもある。また、物の感じが分節されるのは広がり、形、動きという区切りばかりでなく、視覚器官で物を捉えるときに生じる物の感じは赤、黄、青などの区切りで分節され、聴覚器官のときは高い、低いなどの区切りで、味覚器官のときは甘い、苦いなどの区切りで、臭覚器官のときはさわやか、くさいなどの区切りで、触覚器官のときは熱い、冷たい、固い、柔らかいなどの区切りで分節される。

それでは、共通点を見出すという考える働きの下で分節された物の感じと感覚器官で捉えられた物とはどのように関係しているのであろうか。例えば、ある皿を見て白くて丸いと感じ、手で触って冷たく、固いと感じたとすると、視覚器官、触覚器官でその皿を捉えたときに生じる物の感じは、まず共通点を見出すという考える働きの下で白い、丸い、冷たい、固いと分節されている。他方、このように分節された結果である白い感じ、丸い感じ、冷たい感じ、固い感じは、「3　物質の性質について」のところで述べたような意味において、皿という物質の性質として共に在るという関係にあることから、関係を見出すという考える働きの下で共にあるものとして捉えられることとなる。さらに、分節されたものを結びつけるという考える働きの下、これらの分節された物の感じは結びつけられることとなる。このように、考える働きは感覚器官で物を捉えるときに生じる物の感じを分節することに加え、分節されたものの関係を見出し、結びつける働きを持つものである。感覚器官で物を捉えるときに生じる物の感じは様々であるものの、考える働きは物の感じを分節することに加え、分節されたものの関係を見出し結びつけるという働きを持つことから、共通の観点（考える働きの下で見出される共通点）からの認知がもたらされることとなる。

人が考えることの中には、実際に皿を見て白くて丸いと感じ、手で触って冷たく、固いと感じる場合のように、実際に在る物を感覚器官で捉えた上で考える場合とともに、金色の鳥のように、想像上のものとして考える場合がある。想像上のものであっても、金色の鳥の認知が成立する場合、「4　認知の素材について」のところで述べたように、感覚器官で物を捉えるときに生じる物の感じなどが認知の素材であるとすると、想像上の金色の鳥の色は例えば以前に見た金の指輪の色の感じであり、想像上の金色の鳥の形は例えば以前に見た野鳥の形であるといったことが必要となる。

人が考える事柄は多岐にわたるものの、事柄が観察可能なものであっても、また想像上のものであっても、それを構成するものの多くは、そのときまたはそれ以前に物の感じをはじめとする認知の素材が考える働きの下で分節されたものである（事柄が科学に関わる場合、構成するものの観察可能性は大きな意味を持ち、事柄が新商品の開発のような場合、構成するものの新たな結びつきは大きな意味を持つ）。このことからも、考える働きにおいて、認知の素材を分節すること、分節されたものの関係を見出すこと、分節されたものを結びつけることは基礎的なものと位置付けられる。(注7)

6　心の状態と脳の状態の相関について

「1　感じることについて」のところで述べたように、人が感覚器官で物を捉える場合、脳の状態が表すのは、物が特定の光や熱、物質などを発する状態にあるという物の性質であるのに対し、物の感じが生じる心の状態が表すのは、物が物の感じのように感じられるという物の性質である。前者の性質は人が持つ感じる働きに関わらず存在するのに対し、後者の性質は人が持つ感じる働きに関わって存在する。

これらに対し、人が感覚器官で物を捉えるときの物から発せられた光や熱、物質などにより脳に生じる物理化学的変化と心に生じる物の感じとは実は同じものであるとする場合、脳の状態が表す物の性質と心の状態が表す物の性質は異なるものとはならないこととなる。しかしながら、脳に生じる物理化学的変化について様々な検査機器を使用する場合も含め観察されるものと心に生じる物の感じとして観察されるものとは異なる相を持つものとして現れることから、これらが本当に同じものであるのかという疑問が生じる。一般論として、異なる相を持つものとしての現れ方をする二つのものを同一とする理由として次のものが挙げられる。

理由1：同じものの異なる部分を捉えているのにすぎない
理由2：捉え方の違いにすぎない
理由3：一方が電気信号のようなものにあたり他方が画面に映し出された電気信号の像のようなものにあたる（電気信号のようなものを本体とし画面に映し出された電気信号の像のようなものを現象とする見方も考えられる）

ともにキリンを見ているにもかかわらず一方は首だけに着目し他方は尻尾だけに着目しているケースは理由1で説明可能である。また、容器の中の水と水のひとつの分子とでは空間に占める広がり方が違うことから異なるものとして現れるケースも、水の分子は容器の中の水の部分であることから理由1で説明可能である。脳や心が同じ人間の部分であるとして、着目すべきなのは一人の人間であるにもかかわらず、一方は脳だけに着目し他方は心だけに着目していて異なるように現れるケースも理由1で説明可能である。しかし、着目するものが一人の人間という全体ではなく部分自体であるケースは、理由1では説明できない。

ともに同じ円錐形を見ているにもかかわらず、一方は上から見て円形であるとし、他方は横から見て三角形であるとしているケースは理由2で説明可能である。また雪について一方は視覚で捉えて白いものとし、他方は触覚で捉えて冷たいものとしているケースも同様である。これらのケースは、同じ円錐形や雪を捉えることを意図しているものの、上から捉えるときと横から捉えるときや、視覚で捉えるときと触覚で捉えるときとでは実際上、円錐形や雪の異なる部分を捉えていることとなる。これらのケースのように、一人の人間の心の状態と脳の状態が異なって現れることは捉え方の違いにすぎないとすることは、理由1で説明できるかどうかということに帰着する。

理由3にある電気信号も画面もともに物理的存在であることから、脳に生じる物理化学的変化を電気信号にあたるものとし脳を画面にあたるものとすることが考えられる。しかしそのときであっても、脳に生じる物理化学的変化という電気信号にあたるものが脳という画面に映し出す像がどのようにして心に生じる物の感じになるのかということが残ることとなる。例えば赤いリンゴを見るとき脳に生じる物理化学的変化が脳という画面に映し出す像は脳の物理化学的状態としてあり、それがどのようにしてリンゴの赤い感じになるのかということが残ることとなる。

以上のように、人が感覚器官で対象を捉えるとき、対象から発せられた光や熱、物質などにより脳に生じる物理化学的変化と心に生じる物の感じとの同一性について、着目するのが一人の人間という全体でなく、脳と心という部分であるとすると、それらの部分が異なるものとして現れるにもかかわらず同一であるとすることの理由は容易には見出し難いものとなっている。

「4　認知の素材について」のところで述べたように、感覚器官で物を捉えるときに生じる物の感じ、喜び、苦しみなどの感情、自らの心の状態を認知する心の働きによってもたらされる心の状態が認知の素材である。これらの認知の素材の発生は、感覚器官で物を捉えるときに生じる物の感じに限らず、身体とりわけ脳における物理化学的変化の発生とともに生じているとする仮説が考えられ、このことを検証するためには、様々な認知の素材の発生と身体とりわけ脳における物理化学的変化の発生との関連性を調べることとなる。具体的には、例えば、色の感じが生じるときと音の感じが生じるときとで物理化学的変化が生じる脳の部位が異ならないのか、喜びの感情と苦しみの感情が生じるときとで脳に生じる物理化学的変化の内容（たとえば脳内における物質の分泌）が異ならないのかを調べるといったように、認知の素材のタイプと脳における物理化学的変化の部位や内容のタイプとの関連性を調べることになるものと思われる。このような取り組みは既に進められているものと思われる。また、認知の素材の発生と脳における物理化学的変化の発生との関連性が一方のタイプが変わればそれに応じて他方のタイプも変わるというものである場合、その関連性は相関関係として捉えうる。物質の探究において異なる物質の変化の間に相関が発見されたとき、探究が相関の発見にとどまるのと物理学や化学の理論を基礎に相関が説明されるのとでは探究の深度は異なるものとなることから、物質が生命を持つものであっても、探究が相関の発見にとどまるのと物理学、化学に生命科学を加えたもので相関が説明されるのとでは探究の深度が異なるものとなる。

先に述べたように、人が感覚器官で対象を捉えるとき、脳に生じる物理化学的変化と心に生じる物の感じとの同一性について、着目するのが一人の人間という全体でなく、脳と心という部分であるとすると、それらの部分が異なるものとして現れるにもかかわらず同一であるとすることの理由は容易には見出し難いものとなっている。これに対し、感覚器官で物を捉えるときに生じる物の感じを含む認知の素材のタイプと脳に生じる物理化学的変化のタイプとの関連性について、有用性の観点から相関関係で捉えることを選択する場合、医療への応用（患者の認知の内容から脳における病変を探る、患者の認知の内容の問題を改善する薬を開発することなど）は可能ではないかと思われる。

他方、人が感覚器官で物を捉えるとき、脳に生じる物理化学的変化と心に生じる物の感じとを同一とすることに、ある種の困難が伴うのは、脳の状態と心の状態とは同じではないためとも考えられる。そのように脳の状態と心の状態とが同じではないとすると、脳は身体の一部であり、人間は身体とそれの一部ではない心から構成されることとなる。

先に述べたように、感覚器官で物を捉えるときに生じる物の感じ、喜び、苦しみなどの感情、自らの心の状態を認知する心の働きによってもたらされる心の状態といった認知の素材の発生と脳における物理化学的変化の発生とが関連するとするのであれば、「5 考える働きについて」のところで述べたような、物の感じを分節する、分節されたものの関係を見出す、分節されたものを結びつけるといった考える働きの行使も脳における物理化学的変化に関連することが考えられる。たとえば、人が赤いリンゴと黄色いバナナを視覚で捉えるとき、それらの色を認知するとともにそれらの色の関係（それらの色が異なること）も認知する。このときリンゴの表面で反射した光による脳の物理化学的変化とバナナの表面で反射した光による脳の物理化学的変化が生じており、さらにこれらの変化が異なることから、ちょうど天秤の左右に異なる重さの物をのせると天秤が自然に傾き出すように、リンゴの色とバナナの色との関係の認知に対応する脳の物理化学的変化が生じていることが考えられる。また心における異なるタイプの認知の素材の発生と脳における異なるタイプの物理化学的変化の発生との関連を調べるのと同様、異なるタイプの考える働きの行使と脳における異なるタイプの物理化学的変化との発生との関連を調べることが考えられる。しかし、このような関連があることを調べるためには、脳における物理化学的変化の発生を捕捉できることが前提となることから、その捕捉には実際上の制約が生じることはないのか、さらには神経細胞が複雑に結びついてできているとされる脳の構造からして、神経細胞のレベルにまで踏み込んで物理化学的変化の発生を捕捉することはどこまで可能なのかといった疑問も生じる。これらの疑問にどこまで答えられるかは科学の領域の事柄となる。

現代では様々な分野の研究にモデルが利用されており、考える働きに関し心の状態と脳の状態との相関について考察するにあたり、次のようなステップで行うことが考えられないだろうか。

ステップ1：脳で生じている物理化学的変化は脳を構成する神経細胞レベルでの興奮として生じているとみられていることから、まず脳における神経細胞の結合の仕方にならって神経細胞のモデルを結合させることによって脳のモデルを作る。

ステップ2：モデルを利用して調べたい考える働きを決める。例えば、視覚器官で物を捉えたとき生じる色の広がりを認知の素材として、認知の素材を分節する考える働きについて調べることが考えられる。

ステップ3：認知の素材であると解釈できるデータを脳のモデルに入力する。その結果、調べたい考える働きによりもたらされたものと解釈できるものが出力されているか調べる。例えば、様々な色が様々に広がっていると解釈できるデータを脳のモデルに入力し、その結果色の違いや色の広がり方の違いで分節されていると解釈できるものが出力されているか調べることが考えられる。

ステップ4：出力されていないのであれば、脳のモデルを修正して、出力されるまでモデルの修正を続ける。

ステップ5：調べる対象である考える働きを行う心の状態と相関している脳の状態がどのようなものであるか、作成されたモデルを利用して考察する。

心の状態と脳の状態との関係を科学的アプローチでなく思索的アプローチで考えていくとしても、科学的アプローチにより得られる知見の意味合いについて考えていくことは、避けてとおれないばかりでなく、必要な事柄である。

7
物質、空間、時間の認知について

「4　認知の素材について」のところで述べたように、認知の素材として、感覚器官で物を捉えるときに生じる物の感じ、喜び、苦しみなどの感情そして自らの心の状態を認知する心の働きによってもたらされる心の感じがある。また「5　考える働きについて」のところで述べたように、基礎的な考える働きとして、物の感じを分節すること、分節されたものの関係を見出すこと、分節されたものを結びつけることがある。これらのことを踏まえた上で、物質、空間、時間の認知について考えてみたい。

感覚器官で物を捉えるときに生じる物の感じは認知の素材であり、これが分節されたものが、赤、黄、青などの色の感じであり、高い、低いなどの音の感じであり、甘い、苦いなどの味の感じであり、さわやか、くさいなどのにおいの感じであり、熱さ、冷たさ、固さ、柔らかさなどの感じである。これらの感じは物質の性質とされるものである。このように分節された様々な物の感じが物質の性質とされ、さらにある物質においてはこれらの物質の性質のうちのいくつかが、例えば雪という物質においては、白い色の感じと冷たさの感じが共にあるように、共にあるという関係が見出されることから、それらの性質は結びつけられてその物質の性質として認知されることとなる。物質の認知は実際上物質の性質の認知であり、物質の性質の認知は感覚器官でそれを捉えるときに生じる物の感じを素材にして、物の感じを分節し、分節されたものの関係を見出し、さらに分節されたものを結びつける考える働きによりもたらされる。

それでは、空間の認知はどのようにもたらされるのであろうか。私たちは日常生活においても、部屋の中にある空間からして先日家具店で見つけた収納棚がおけるのではと考えることもあれば、惑星探査機打上げのニュースを聞いて、宇宙空間のことを少しばかり考えることもある。これらのことから、私たちは日常生活のレベルにおいても、空間を認知している。他方、空間が文字どおり空いている間であるとすると、空間自体が物のように光や熱、物質を発することはなく、感覚器官で空間そのものを物のように捉えることはできない。空間を認知するにあたり、認知の素材は感覚器官で空間そのものを捉えるときに生じる物の感じではないこととなる。(注8) このことを是としつつ、空間を認知するにあたっての認知の素材について考えるにあたり、人が座っている椅子と人が座っていない椅子とを視覚器官で捉えるときの物の感じについて取り上げてみたい。人が座っている椅子ばかりでなく、人が座っていない椅子も椅子という物があることから、視覚器官で捉えることができ、それぞれを視覚器官で捉えるとき、それぞれ物の感じが生じ、考える働きの下、それぞれ分節されることとなる。さらにはそれらの関係を見出す考える働きの下、人を視覚器官で捉えるときの物の感じの部分においてそれらが異なっているという関係が見出されることとなる。このように見出される関係から空間の認知がもたらされるものと思われる。このとき、人が座っている椅子には空間がなく、人が座っていない椅子には空間があるとすることは、空間をあたかも物のように扱うことであり、考える働きの中には無いものを有るもののように扱う働きが含まれていて、空間の認知にはそのような働きも与っているのではないかと思われる。

それでは、時間の認知はどのようにもたらされるのであろうか。空間と同様、時間自体が光や熱、物質を発することはなく、感覚器官で時間そのものを捉えるときに生じる物の感じはない。他方、年、月、日、分、秒といった時間の推移の認知は、太陽や月の運行、時計の針の進行に基づいてなされ、太陽や月の運行、時計の針の進行は太陽、月、時計という物の動きであることから、これらの動きの認知の素材はこれらの物を視覚器官で捉えるときに生じる物の感じである。時間そのものは感覚器官で捉えられない一方、太陽、月、時計といった物は感覚器官で捉えられるように時間と物は異なることから、時間の推移と物の運行、進行は別のものであるとする見方が考えられる。しかし、感覚器官で物を捉えるときに生じる物の感じ、喜び、苦しみなどの感情そして自らの心の状態を認知する心の働きによってもたらされる心の状態を認知の素材とすることから、これらの感じの変化を認知することが時間の推移を認知することとなる。進行している時計の針など動いている物を感覚器官で捉えるときの物の感じの変化に加え、想像の中で動いている物の感じや心地よさ、苦痛の感じの変化からも、時間の推移は認知される（注9）。

物質、空間、時間を認知する心の状態のタイプと脳の状態のタイプとの相関を調べることは、科学の領域の事柄である。

8 力の認知について

力という語の使用は多岐にわたる。磁石は鉄を引きつける力がある、火は鉄を溶かす力がある、あの人には三時間でフルマラソンを完走する力がある、あの人が了解しないと村での物事はまとまらない政治的力があの人にはある、あの人にはハワイに別荘を持てる経済的力がある、などなどである。このいずれにおいてもその力が発揮された事象を感覚器官で捉えることはできるものの、力そのものを感覚器官で捉えることはできない。実際、磁石の側に鉄を持ってくると鉄が磁石に引きつけられることは目に見え、手で触って感じられるものの、力そのものは目に見えず、手で触って感じることはできない。以下の事例も同様であり、ちなみにある人が持つとされるハワイに別荘を持つ経済的力も、その人が手に入れたハワイの別荘を目で見ることはできるものの、経済的力そのものは資産の金額に等しいとでもみなさない限り目で見ることはできない。

このように多岐にわたって用いられる力という語が表すものの認知について考えてみたい。「4 認知の素材について」のところで述べたように、認知の素材として、感覚器官で物を捉えるときに生じる物の感じ、喜び、苦しみなどの感情、そして自らの心の状態を認知する心の働きによってもたらされる心の状態がある。また、「5　考える働きについて」のところで述べたように、基礎的な考える働きとして、物の感じを分節すること、分節されたものの関係を見出すこと、分節されたものを結びつけることがある。物質、空間、時間の認知の場合と同様、これらのことを踏まえた上で、力の認知について考えてみたい。

感覚器官で物を捉えるときに生じる物の感じは認知の素材であるものの、冒頭に述べたように、力そのものは感覚器官で捉えることができない。感覚器官で捉えることができるのは、その力が発揮された事象である。(注10) 確かに、磁石の側に鉄を持ってくると鉄が磁石に引きつけられることは目で見え、手で触って感じられる。またこのことを納得するまで繰り返して常に同じであるか試すことはできる。しかし、仮に納得するまで繰り返し、毎回磁石の側に持ってきた鉄が磁石に引きつけられたとしても、それらの事象は繰り返しが終わった時点では過去の事象となっている。明日、一カ月後、一年後、十年後でも常に同じであるとする根拠として、これまで他の人々も同じ事象を観察していることを挙げることができるかもしれない。また、世界には磁力というものがあり、磁石には磁力があると理科の授業で習ったことを挙げることができるかもしれない。確かに、世界には磁力があると理科の授業で教えていることは、このことが物理の根本的な法則のひとつであり、これまで人々が経験してきた様々な事象はこの法則に合致していることを想定させるものである。そうであったとしても、これまで人々が経験してきた様々な事象は過去の事象である。ある種の過去の事象は将来も繰り返されるとすることの根拠をどう考えるかは、力の認知における難しい問題である。

日はまた昇るという言葉があるように、朝が来るとまた日が昇ることはあたりまえのことである。他方、日常生活であたりまえと思っていたことが、あたりまえのようには起こらないこともある。そのような中、朝が来ると日がまた昇ることは日常生活では確実なことであり、そのことが過去の事象であっても将来繰り返されない蓋然性はほぼなく、繰り返される確率は実質百パーセントとでも表現できる事柄である。他方、磁石が将来も鉄を引きつけること、火が将来も鉄を溶かすこと、ある人が将来も三時間でフルマラソンを完走すること、ある人が了解しないと将来も村での物事はまとまらないこと、ある人が将来もハワイで別荘を持つこと、これらの蓋然性には差異がある。このこととも合わせ、力の認知とは力があるとすることで過去と同様将来も繰り返されると考える事象の蓋然性の認知ではないかと考えられる。これに対し、蓋然性にしても力と同様、それそのものを感覚器官で捉えることができないのではないかという反論があるかもしれない。しかし、蓋然性であればそれを計るための過去の実績や実績がないときは実績に代わりうるもの（例えば、来年の入学試験のための模擬試験の結果）について感覚器官で捉えることができることから、蓋然性認知のための素材はあるものと考えられる。

9　結びつくものについて

あの人は背が高いというとき、背が高いことはその人の身体的特徴として、その人に結びついている。この犬はめったに人に吠えることはなく性質がよいというとき、めったに吠えることはないことはその犬の性質として、その犬に結びついている。表に各在庫品のサイズ、色、仕入金額などの属性が記載されているというとき、サイズ、色、仕入金額などは各在庫品の属性として、在庫品に結びついている。このように特徴、性質、属性は人、動物、物と結びつくものであり、結びつけられるものと結びつくものは、あの人は背が高い、この犬はめったに人に吠えることはないというときのように、主語と述語との関係にある。

人間は身体という物質を持つという意味において、個々の人間は一種の物質であり、個々の動物も同様に一種の物質である。したがって、個々の人間、個々の動物、個々の物質を感覚器官で捉えるときに生じる物の感じが認知の素材となり、「5　考える働きについて」のところで述べたように分節し、さらに分節したものの関係を見出し、結びつける考える働きの下、個々の人間、個々の動物、個々の物質の認知が生じる。実際、あの人は背が高いという場合、「あの」とされる物を視覚器官で捉えるときに生じる色の広がりの感じが認知の素材となり、それを分節し、分節したものの関係を見出す働きの下、分節されたものの中には人間の姿、形をしたものと背が高い姿、形をしたものとがあること、そしてそれらが共にあることが認知されている。さらには結びつける働きの下、認知の素材である色の広がりの感じの中で、人間の姿、形をしたものとして分節されたものと背が高い姿、形として分節されたものとを結びつけている。これらのことを背景として、「あの」とされる物の色の広がりの感じと人間の姿、形として分節されたものとをまず結びつけ、次に背が高いという姿、形として分節されたものを結びつけることで、あの人は背が高いという認知が生じている。この犬はめったに吠えることはないという場合、「この」とされる物を視覚器官で捉えるときに生じる色の広がりの感じが認知の素材となり、犬の姿、形をしたものと分節されたものとなるとともに、記憶も関わることで、めったに人に吠えることはないものも分節されたものとなる。表には各在庫品のサイズ、色、仕入金額が記載されているという場合、表とされる物を視覚器官で捉えるときに生じる色の広がりの感じが認知の素材となり、表の線やサイズ、色、仕入金額という文字の姿、形をしたものが分節されたものとなる。

以上のように認知の素材の中で分節されたものが結びついているとして、感覚器官で捉えられた物の中には、どのような結びつきがあるのであろうか。「3　物質の性質について」のところで述べたように、白い皿は白さを可能的な性質として持っており、白さが現実的な性質となるのは、人が、ある条件の下、実際にその皿を見る場合であるといったように捉えることが考えられる。このように物質が持つ可能的な性質は白さばかりでなく、感覚器官で物を捉えるときに物の感じとなる性質全般であり、そのような性質は認知の素材である。これらのことから、物質は認知の素材を可能的な性質として持つものと考えられる。また、認知の素材について、考える働きが関わることで、分節され、さらに分節されたものの関係が見出され、結びつけられることで認知が生じることから、物質は認知されるものを可能的な性質として持つものと考えられる。

このような物の可能的な性質は、人が、ある条件の下、実際に感覚器官で物を捉えると き現実的な性質となる。「6　心の状態と脳の状態の相関について」のところで述べたように、認知の素材の発生と脳における物理化学的変化の発生を相関として捉えることが考えられ、その場合、実際に感覚器官で物を捉えるとき物の感じが生じるということは、感覚器官で捉えられる物がそのような物の感じの発生と相関する脳の物理化学的変化を生じさせるような物理化学的状態にあるとすることとなる。白くて丸い皿が冷たいということは、ある物から発せられた光や熱などにより、その物を感覚器官で捉える人の感覚器官、神経、脳に物理化学的変化が生じることであり、その物は現実にそのような光や熱などを発する物理化学的状態にあるとすることとなる。またこのことは、白さ、丸さ、冷たさが可能的な性質であっても、皿という物質の性質であり、その存在は皿という物質の存在に依っているとすることとも整合的となる。(注11)

それでは、認知の素材となる感覚器官で物を捉えるとき心に生じる物の感じはどのように存在しているのであろうか。「6　心の状態と脳の状態の相関について」のところで述べたように、人が感覚器官で物を捉えるとき、脳に生じる物理化学的変化と心に生じる物の感じとを同一とすることにある種の困難が伴うのは脳の状態と心の状態とが同じでないためとも考えられる。そのように考える場合、感覚器官で物を捉えるときに生じる物の感じの存在は脳という物質の存在に依ることができないこととなる。これに対し、心に生じる物の感じはせいぜい脳に生じる物理化学的変化の影のようなものでしかないとする考え方があるかもしれない。しかし、その影のようなものはどのように存在しているのかという疑問は残ることとなる。例えば、西日に照らされた樹木の影が存在するのは地面においてであり、樹木においてではない。

10 心と身体について

「6 心の状態と脳の状態の相関について」のところで述べたように、感覚器官で物を捉えるときに生じる物の感じ、喜び、苦しみなどの感情、自らの心の状態を認知する心の働きによってもたらされる心の状態が認知の素材であり、これらの認知の素材の発生は、感覚器官で物を捉えるときに生じる物の感じに限らず、身体とりわけ脳における物理化学的変化の発生とともに生じているとする仮説が考えられる。このような仮説が考えられる心の状態と脳の状態の関係について、現代の「心の哲学」における議論も参考にしつつ考えてみたい。

現代の「心の哲学」における議論が解説されている『心の哲学入門』（金杉武司著）では、「二元論のテーゼ：心は非物理的な存在であり、世界はこの非物理的な存在と物理的な存在の二種類の存在によって構成されている。(注12)」というテーゼで表される二元論と、「物的一元論のテーゼ：世界は物理的な存在のみによって構成されている。(注13)」というテーゼで表される物的一元論という代表的な二つの立場があるとされている。さらに同書では、二ものなら、非物理的な心は非物理的存在である。(注14)」、「しかし、非物理的なものと物理的なものの間にいかにして因果関係が成り立ちうるのか。それは非常に神秘的である。(注15)」という指摘を行う一方、物的一元論のひとつとして、「心脳同一説のテーゼ：各タイプの心の状態は特定のタイプの脳状態と同一である。(注16)」というテーゼで表される「心脳同一説」があるとした上で、「しかし、以上のような心脳同一説のテーゼを支持する別の論点がある。それは、心脳同一説の下では、二元論が直面したような心物因果に関わる問題が生じないという点である。(注17)」としている。このような心脳同一説ではあるものの、「6　心の状態と脳の状態の相関について」のところで述べたように、人が感覚器官で物を捉えるとき、脳に生じる物理化学的変化と心に生じる物の感じを同一とすることに、ある種の困難が伴うこととなる。以上のように、二元論では人が身体を動かすことを欲してそのように身体を動かすことに関し、心の状態と脳の状態との因果関係に伴う困難があり、心脳同一説では人が感覚器官で物を捉えるとき心に物の感じが生じることに関し、心の状態と脳の状態を同一とすることに伴う困難がある。

二元論の立場にある哲学者として、近代フランスのデカルトが有名であるが、近代イギリスのロックも二元論の立場にあるものと考えられる。(注18)そのようなロックではあるものの、ロックは物体が私たちの中に観念を生む方法は物体が作用する手段として考えることができる唯一のものである衝撃によってであるとした上で、物体の衝撃と心の中に見出す色や匂いの認知との間に考えられる結びつきがないとする一方、心の身体への作用は考え難いという主旨の考察も行っている。(注19) ロックのこれらの考察はその背景にある身体への作用の見方が現代より素朴ではあるかもしれないものの、心脳同一説の立場では、人が感覚器官で物を捉えるとき、物から発せられた光や熱、物質などにより物理化学的変化が生じる脳の状態と物の感じが生じる心の状態を同一とすることに困難が伴うこと、また二元論の立場では、心の状態と脳の状態との因果関係に困難が伴うことを実質的に捉えていたのではないかと思われる。

デカルトやロックが活躍した西洋近代に先立つ西洋中世において、神学者であり哲学者でもあるトマス・アクィナスはその著作において現代の心の哲学が取り扱っている事柄に対応する事柄を取り扱っている。(注20) トマスは魂（soul）と身体との関係に関して、「魂はそれ自身で存在できるという意味でそれ自身ひとつのものであるものの、それ自身の完全な種的本性を持つものではない。むしろ、人間の身体の形相であることによって、人間の種的本性を完成するものである」(注21)、「たとえ魂が完全な存在を持つとしても、当然の結果として身体が魂に付帯的に結合されているということにはならない。ひとつには、全体の複合体という一つの存在があるように魂はまさしく同じ存在を身体と分かつからであり、もうひとつには、たとえ魂がひとりでに存続できるとしても、魂は完全な種的本性を持たず、魂はその本性を完成するため身体は魂に結合される」(注22)という説明を行っている。ここにおいて魂という言葉が使用されているものの、魂という言葉が意味するのは身体の生命原理であり、宗教的な付帯的意味は与えられるべきではないとされており、(注23)トマスにおける魂と身体との関係は生命原理と身体の関係になるものと考えられる。トマスにおけるこのような魂と身体との関係では、身体の生命原理である魂はそれ自身で存在し、魂は一つの存在があるようにその存在を身体と分かつものの、魂は身体が結合されることで、種的本性を完成するものとなる。

心の状態と脳の状態の関係を考えるにあたって、心脳同一説、二元論それぞれに先に述べたような困難があることから、今述べたようなトマスにおける魂と身体との関係を手掛かりに、人間における心と脳を含む身体との関係について考えてみたい。そのためにはまず、トマスにおける魂と身体との関係の中から、身体が魂に結合されることで、魂は人間という種の魂であることを完成するとする構図を考えてみることとする。(注24)この構図では、魂は身体の生命原理と解され、そのような魂と結合した身体は生きた身体となるとともに、身体が結合されることで、魂は人間という種の生命原理であることを完成する。さらに、この構図では、人間という種は様々な身体活動や認知活動を行うことを当然のこととすると、魂と結合した身体は生きた人間として、人間という種の様々な身体活動や認知活動を行うこととなる。

それでは、この構図において、心脳同一説、二元論それぞれについて先に述べたような困難は生じるのであろうか。

心脳同一説では、心と脳を同一とするにもかかわらず、それらが異なる相を持つものとして現れるという困難があった。しかし、この構図では、魂と結合した身体は生きた人間となり、その認知活動で生じるものがこの本で心の状態としているものに対応するとみなすならば、心と脳が異なる現れ方をすることに照らし、それらが生きた一人の人間の同一の部分ではなく、異なる部分であることを排除しないものと考えられる。

他方、二元論では、心という非物理的存在と脳という物理的存在との因果関係という困難があった。トマスにおける魂と身体との関係の中から考えた構図では、心と脳は先に述べたように、生きた一人の人間の異なる部分である。生きた一人の人間の異なる部分がともに身体の部分である場合、身体の部分は神経を介在して脳とつながっていることから、因果関係で結ばれているのではないかと思われる。生きた一人の人間の異なる部分が心と脳である場合、心を非物理的部分とすると、二元論における困難が生じることとなる。また現代の「心の哲学」では心身のスーパーヴィーニエンスという視点から、心と身体との関わりが論じられており、『物理世界のなかの心』（ジェグォン・キム著、太田雅子訳）では、心身のスーパーヴィーニエンスについて、「次のような点において、心的性質は物理的性質にスーパーヴィーンする。いかなる心的性質Mについても必然的に、あるものが時間tにMをもつならば、物理的基盤となる（スーパーヴィーンされる）性質Pが存在し、それはtにおいてPをもち、必然的にあるときにPをもついかなるものもその時間にMをもつようなものである。（注25）」と説明している。また、同書では、「いずれにしても、心身スーパーヴィーニエンスは心的現象を物理的なものの範囲内にもたらす。物理的なものは心的なものを決定づけ、その意味で心的なものは、因果的影響力を外側から物理的領域に注ぎ込む、存在論的に独立な領域を構成するのではない。（注26）」と論じている。このような心身スーパーヴィーニエンスにおける議論も、つまるところ一人の人間において因果的効力を持つのは心でなく脳であるとすることにあるものと考えられる。これに対し、トマスにおける魂と身体の関係の中から先に描いた構図では、身体が魂に結合されることで、魂は人間という種の魂であることを完成するとしていることから、人間が人間としての活動を行うにあたり、本来的なものを身体に負うものとなっている。このため、一人の人間において因果的効力を持つのは心でなく脳であるとしても、脳も心も一人の人間の部分であるという視点から、因果的効力を捉えることが可能ではないかと考えられる。

トマスにおける魂と身体との関係の中から描いた先の構図では、トマスにおける魂と身体との関係にあった魂はそれ自身で存在するとすること、全体の複合体という一つの存在があるように魂はまさしく同じ存在を身体と分かつとすることを含めていない。魂のようなものがあってそれ自身で存在すると考えること、さらには魂をその存在を身体と分かつとすることは、現代では広くなじめる考え方ではないかもしれない。しかし、二元論においても、非物理的存在である心はそれ自身で存在すると考えることから、それ自身で存在するという面では、ここでの魂と二元論での心は同じである。他方、ある物が生物であるのは、その物が栄養摂取、繁殖に加え、生物の種類に応じた様々な身体活動や認知活動を行うことであるとすると、ここでの魂は身体が結合されることで、人間という種の魂、すなわち生命原理であることを完成することとなる。二元論での心は身体が結合されなくても、人間という種の認知活動を行うとするのであれば、そのことにおいて二元論での心はここでの魂と異なることとなる。トマスにおける魂は二元論における心と同様それ自身で存在するものであっても、身体が結合されることで、人間という種の魂であることを完成するものであるとすると、トマスにおける魂は身体が結合されることで可能的ではなく現実的に人間という種の魂になる部分を持つことになることから、(注27)「6　心の状態と脳の状態との相関関係について」のところで述べたような心の状態は脳の状態とともに生ずるとする見方を許容する面があるのではないかと考える。

以上のとおり、心と身体との関係を探るため、二元論、物的一元論の中の心脳同一説およびトマスにおける魂と身体との関係について見てきたことを踏まえ、この本における「心と身体についての考え方」を以下のとおりとする。

①心の状態と脳の状態は、生きている人間において異なる現れ方をすることから、心と脳を一部とする身体は、生きている人間の異なる部分である。
②心の状態は脳の状態とともに生じ、ある心の状態が別の心の状態を生じさせるとき、前者の心の状態とともに生じる脳の状態は、後者の心の状態とともに生じる脳の状態を生じさせる。また、心の状態が身体の状態と関係を持つときは、心の状態とともに生じる脳の状態がその身体の状態と関係を持つ。
③心の状態と脳を一部とする身体の状態はともに生きている人間という一つの存在によって存在する。
④認知の素材と考える働きによって生じる認知や意志などの人間の心的活動全般は、心と脳を一部とする身体が結びつくことで実現する。
⑤人間の心的活動を現実的に行うものではないものの、身体と結びついていない心が存

在するとすることを明確に肯定したり、否定したりすることはできない。

②にあるように、心の状態は脳の状態とともに生じるとすることは、先に述べたような心身スーパーヴィーニエンスにおける心的性質の因果的効力の問題と同様の問題を生じさせる。しかし、人が何かを感じ、考え、信じ、欲することが脳の状態があって実現するとしても、人が心の状態として感じ、考え、信じ、欲することは、心が人の部分としてあることから可能となっている。さらに、③にあるように、心の状態も脳を一部とする身体の状態も生きている人間という一つの存在によって存在するとする場合、心は活動という面で脳に依存するとしても、存在という面では脳に依存することとはならない。このような関わり方をする心と脳が生きている人間の部分としてあるとすると、何かを感じ、考え、信じ、欲するという心的活動が実現することは、つまるところ生きている人間に依存していることとなる。

また、③にあるように、生きている人間という一つの存在を考えることは、その身体が多くの原子や分子で構成されているものの、生きている人間は典型的な個体と考えられることによる。このように生きている人間を個体として捉えることは、心は活動という面で脳に依存するとしても、その脳は多くの原子や分子で構成されるとともに、生きている人間という個体の部分であることを前提とするものである。

以上のような「心と身体についての考え方」を前提として、心の働きと関連するとみられる、言葉に関わる事柄について、考えていくこととしたい。

11 言葉について

言葉は物の状態である。人間において、言葉は語から成り、語は文法と呼ばれる規則に従って結合される。語が口から発せられた声であるとき、語は気体状の物である空気の振動としてあり、語が石に彫られた文字であるとき、語は固体である石の表面の形状としてあり、語が手振りであるときは、語は身体の一部である手の運動としてある。このように、語は声であったり、石の表面の形状であったり、手の運動であったりと、物の状態として様々な形態をとるものの、いずれも人為的に作り出されたものであり、人工のものである。人工のものが人工の物であるとき、その物の材料または原料は自然の物である。言葉は物の状態であり、重さを持つ物そのものではないものの、物である空気、石、身体などの状態であり、空気、石、身体は自然の物である。文字としての語が石に彫られることは現代でも稀に行われているものの、大部分は紙に書かれ、画面に映し出される。ここに至っては、文字ばかりでなく、文字が書かれる紙や文字が映し出される画面も自然の物ではなく、人工の物である。

人工の物は人が身体を動かすことで作り出されるように、物の状態である言葉も人工のものであることから、人が何らかの形で身体を動かすことによって作り出される。言葉を構成する語が声であるときは、発声器官を動かすことによって声が作り出され、語が石に彫られた文字、紙に書かれた文字、画面に映し出される文字であるときは、手を動かすことで作り出される。語が手振りのときも同様である。また人は人工の物を作り出すにあたり、多くの場合に道具を使用する。語が声であるとき、発声器官が傷ついていない限り、声を発することに道具を用いることはない。しかし、目の前にいる人にではなく別の場所にいる人に対し声を発するときは、携帯電話が道具として用いられる。語が石に彫られた文字であるときはノミなどの金具が道具として、語が紙に書かれた文字であるときは鉛筆などが道具として、また語が画面に映し出される文字であるときは、タッチパネルなどが道具として用いられる。

人工の物は目的があって作り出されるように、物の状態である言葉も人工のものであることから、目的があって作り出されるものと考えられる。それでは、どのような目的があって言葉は作り出されているのであろうか。私たちが日々行っている事柄からみて、言葉は何かを伝えるため、また何かを記録するために作り出されているように思われる。実際、朝仕事場に着くと挨拶をしてから、その日の予定を確認し、仕事に取り掛かる。仕事の中に上司への報告が含まれているときは、口頭または文書での報告を行う。また仕事の中に商談の資料作成があるかもしれない。このようなケースでは、挨拶はそれを行う動作自体が習慣となっているとしても、その人が仕事場に入ったことを伝える側面を持つものであり、上司への報告は仕事の進捗状況を、商談の資料は客先への提案内容を伝えるものである。またその日の予定は日々の予定を記録するものとして、事前に作成されているものである。このように何かを伝えるため、また何かを記録するために言葉が用いられることは今に始まったことではなく、遠い昔からのことと考えられる。想像の域を超えないが、太古の人間が集団で狩りを行う場合、手振りや口から発せられた声が合図として用いられていたものと思われる。また、文字が発明された後、支配者が取り決めたことは、統治機構の中で文書となって伝えられるとともに、支配者が行ったことは歴史として記録されることにもなった。

以上のように、言葉は物の状態であり、人工のものであり、何かを伝えたり何かを記録したりするために作り出されるものである。それでは、そのような言葉を人はどのように認知するのであろうか。「4　認知の素材について」のところで述べたように、感覚器官で物を捉えるときに生じる物の感じなどが認知の素材であることから、言葉が口から発せられる声であるときは、それを聴覚器官で捉えるときの音の感じが認知の素材となり、言葉が紙に書かれたり、画面に映し出されたりする文字であるときは、それを視覚器官で捉えるときの色の広がりの感じが認知の素材となる。考える働きの下、これらの認知の素材を分節し、分節されたものの関係を見出し、さらに結びつけることにより、言葉の認知がもたらされる。これらの事情は物質全般について認知がもたらされる場合と同様である。他方、言葉には、物質全般にはない特徴として意味があるものと考えられている。そのため、言葉とその意味は、表すものと表されるものの関係にあるという観点において、異なるものであると考えられるとともに、言葉を認知することも言葉の意味を認知することもその言葉が使えるようになることであるという観点において、異なるものではないとも考えられる。実際、人間における言葉の習得は、幼児期において「ママ」、「パパ」といった簡単な語を覚えることがその語の用い方を覚えることと一体のものとして始まり、成長とともに使うことができる語が増えるとともに、語と語は規則的に結合されていることを学ぶこととなる。さらに言葉には意味があり、言葉とその意味は表すものと表されるものの関係にあることを理解するようになる。このような言葉の習得は人間が生物の種として持つ学習能力に裏打ちされたものと捉えるしかないものであり、親から耳で聞いた語を口を動かしてまね、そのときの親の反応を見たり、聞いたりしながら、まねることをやめたり続けたりするといった幼児期の習得の仕方が身体を用いた言葉の学習の基本型であるとすると、言葉の学習は極めて身体的なものである。このことは、はじめに述べたように、言葉は物の状態であることからして、当然といえば当然のことである。またこのことは、「10 心と身体について」のところで、「心と身体についての考え方」として述べたように、人間の心的活動全般は、心と脳を一部とする身体が結びつくことで実現することとも合致する。

他方、語の習得は語が表すものの認知とも関わるものと考えられる。(注28) 例えば、幼児が公園で見た犬を指差し「ワンワン」と呼ぶことを始めた場合、それを見るときの色の広がりの感じやそれの鳴き声を聞くときの音の感じとその語とを結びつけているものと考えられる。さらに母親に連れられてまた公園に行ったとき、そこで認知した物をその語で呼ぶことを母親に直されれば認知した物をその語で呼ぶことはなくなり、直されなければ呼ぶことを続けることとなる。ここにおいては、その語が表す物の認知と関わるように、その語の習得がなされている。語の習得と語が表すものの認知とのこのような関わりは、幼児が使う語や物を表す語に限られるものではなく、大人が使う語や物の性質を表す語を含む語全般でみられる。

12

物の感じを表す語について

「4 認知の素材について」のところで述べたように、感覚器官で物を捉えるときに生じる物の感じは認知の素材であり、さらに「5 考える働きについて」のところで述べたように、この認知の素材について、共通点を見出すという考える働きの下で捉え直すことによって、物の感じは様々な区切りで分節される。具体的には、視覚器官で物を捉えるときに生じるときの物の感じは赤、黄、青などの区切りで分節され、聴覚器官のときは高い、低いなどの区切りで、味覚器官のときは甘い、苦いなどの区切りで、臭覚器官のときはさわやか、くさいなどの区切りで、触覚器官のときは熱い、冷たい、固い、柔らかいなどの区切りで分節される。これらのことから見て取れるのは、視覚器官で物を捉えるとき、「赤」、「黄」、「青」などが物の感じを表す語であり、聴覚器官のときは「高い」、「低い」などが、味覚器官のときは「甘い」、「苦い」などが、臭覚器官のときは「さわやか」、「くさい」などが、触覚器官のときは「熱い」、「冷たい」、「固い」、「柔らかい」などが物の感じを表す語であるということである。

それでは、このような物の感じを表す語は実際に感覚器官で物を捉えるときの物の感じをどのように表しているのであろうか。このことを、視覚器官で物を捉えるときの物の感じを表す語のひとつである「赤」という語を例にとって考えてみたい。「赤」という語で物の感じを表すケースとして、トマト、イチゴ、バラなどが考えられ、視覚器官でこれらの物を捉えるときに生じる物の感じには共通点があり、そのような共通点があるそれらの物の感じは「赤」という共通の語で表されている。他方、「赤」という共通の語で物の感じが表されるトマト、イチゴ、バラなどではあるものの、それらの物の色合いには違いがあるかもしれず、また同じトマト、イチゴ、バラであっても個々の物で色の細かな具合に違いがあるかもしれない。そのような違いがあったとしても、「赤」という共通の語でそれらの物の感じを表すのは、それらの物の認知において、そのような違いは考慮しないことによる。今、「赤」という語を例にとって考えたことは、感覚器官で物を捉えるときの物の感じを表す語と物の認知との関わりであり、物の感じが共通の語で表される物は、感覚器官で捉えるときの物の感じについて、考える働きの下、共通点が見出されるということであり、共通の語で表される物の間にある物の感じの違いは考慮しないということである。(注29)

他方、物の感じを表す語も、「11　言葉について」のところで述べたように、身体を用いた言葉の学習をつうじて習得したものとすると、そのように習得した物の感じを表す語の区切りと整合するように、物の感じについての共通点も見出されるものと考えられる。視覚においては、「赤」、「黄」、「青」などの語による区切りと整合するように、色の感じの共通点が見出され、聴覚においては、「高い」、「低い」などの語による区切りと整合するように音の感じの共通点が見出され、臭覚においては、「さわやか」、「くさい」などの語による区切りと整合するようににおいの感じの共通点が見出され、味覚においては、「甘い」、「苦い」などの語による区切りと整合するように味の感じの共通点が見出され、触覚においては、「熱い」、「冷たい」、「固い」、「柔らかい」などの語による区切りと整合するように、触った感じの共通点が見出されるものと考えられる。

その反面、物の感じを表す語の区分と整合するように、物の感じについての共通点が見出された際は、物の感じについての共通点が見出されるよう、物の感じを表す語を適用することはあるものと考えられる。例えば、言葉の学習をつうじ、トマト、イチゴ、バラの色の感じは「赤」という共通の語で表されることを習得した際には、オレンジの種類によって赤味がかっていれば、その色の感じを表す語として「赤」を適用することはないわけではないものの、石炭の色の感じを表す語として、「赤」という語を適用することは考えにくい。

現代の「心の哲学」では、命題と呼ばれるものとの関わりで心の状態が考察されている。「10 心と身体について」のところで引用した『心の哲学入門』では、「このように、構成要素（語）がさまざまな文脈（文）を通して共通に利用されるという特徴を「文脈独立性」と呼ぶ。そして、以上のように、文脈独立性のある構成要素（語）が構成規則（文法）に従って組み合わされている構造のことを「構文論的構造」と呼ぶ。(注30)」とした上で、同書では「命題」という語は、構文論的構造を持つ言語的表象によって表現されている対象のことを指すこととするとしている。命題と呼ばれるものがこのような説明にあるものを指すものとすると、考えることや欲することの中には文で表されるものがあることから、考えることや欲することの中には命題にあたるものがあるものと考えられる。

このように説明されている構文論的構造の中にある文脈独立性のある構成要素（語）について、先ほどと同様、言葉の学習をつうじ、トマト、イチゴ、バラの色の感じは「赤」という共通の語で表されることを習得したケースを例にとって、考えてみたい。このケースでは、「赤」という語の習得にあたり、実際に生じている色の感じはトマトの色の感じ、イチゴの色の感じ、バラの色の感じであり、それらとは別にそれらの共通点であるような色の感じは生じていない。共通点はあくまでも、身体を用いた言葉の学習をつうじ、「赤」という語による区切りと整合するように、考える働きの下で見出される。したがって、このケースにおいて、「赤」という語が表す色の感じは、トマトの色の感じ、イチゴの色の感じ、バラの色の感じであり、トマトの色の感じはトマトを感覚器官で捉えるという文脈において生じた色の感じであり、イチゴの色の感じはイチゴを感覚器官で捉えるという文脈において生じた色の感じであり、バラの色の感じはバラを感覚器官で捉えるという文脈において生じた色の感じであることから、これらの色の感じは心の状態において文脈独立性のある構成要素ではない。「赤」という語が表す色の感じは、このような内容のものであり、トマト、イチゴ、バラに続いてオレンジを視覚器官で捉えるとき、その色の感じが「赤」という語で表されるか否かは、トマト、イチゴ、バラにおける色の感じの共通点とオレンジを加えたときの色の感じの共通点との関係から、もたらされるものと考えられる。オレンジの色の感じが「赤」という語で表されるか否かはこのようにもたらされるとすると、「赤」という語が表すものは心の状態における文脈独立的な構成要素ではないものと考えられる。今、「赤」という語を例にとって考えたことと同様に考えるとすると、物の感じを表す語が表す心の状態は心の状態における文脈独立的な構成要素ではないものと考えられる（仮に、「赤」という語が表す色の感じが普遍的なものであるとすると、その語が表すものは文脈独立的な構成要素になるように思われる）。

さらに、現代の「心の哲学」では、神経細胞が複雑に結びついてできている脳の成り立ちとそのような成り立ちに即した興奮伝達の仕組みから、脳状態の構造について論じられている。先に「命題」との関わりで引用した『心の哲学入門』では、「それは、以下で説明するように、命題的態度に見出される構文論的構造を脳状態に見出すことはできないからである(注31)」とし、脳状態に構文論的構造が見出されないとする理由が詳細に説明されている。

「10　心と身体について」のところで、心と身体についての考え方として述べたように、心の状態は脳の状態とともに生じるとするならば、物の感じを表す語が表す心の状態とともに生ずる脳の状態があることとなる。このような脳の状態について、現代の「心の哲学」で論じられているように、構文論的構造を見出すことができないとしても、先に述べたように、物の感じを表す語が表す心の状態は文脈独立的な構成要素ではないとすると、不整合は生じないものと考えられる。

物の感じを表す語も、身体的な学習を通じて習得するものであるものの、物の感じそのものは、感覚器官で実際に物を捉えることに合わせ、もたらされるものである(注32)。このため、生まれながらの事情により、視覚器官で実際に物を捉えた経験のない人であっても、「赤」、「黄」、「青」などの語が表す色の感じは、どのような波長の光が視覚器官から入って、神経を伝わって脳を刺激するときに生ずるかということは認知できるものの、それらの語が表す色の感じそのものは認知していない。またそれらの語が表す色の感じとはどのようなものであるのかは、人は自らにおける色の感じを自らにおける色の感じとしてのみ認知するしかなく、他者における色の感じを自らにおける色の感じのように認知することはできない。これらのことから、人は自己の物の感じを他者と分かち持つことや自己の物の感じを言葉で他者に伝えることはできないとする見方が考えられるかもしれない。他方、「10 心と身体について」のところで、「心と身体についての考え方」として述べたように、人間の心的活動全般は、心と脳を一部とする身体が結びつくことで実現するとするならば、他者と自己がそれぞれの感覚器官で同じ物を捉えるとき、他者と自己の身体構造の共通性から他者にも自己と同様の物の感じが生じており、物の感じを他者と分かち持つことやそれを言葉で他者に伝えることはできるとする見方も考えられる。物の感じを表す語についての考えることは、心と身体の関係について考えることと深く結びついている。

13 認知の素材を表す語について

「4 認知の素材について」のところで述べたように、物の感じ、喜びや苦しみの感じ、自らの心の状態を認知する心の働きによってもたらされる心の状態が認知の素材であるものと考えられる。このうち、物の感じを表す語について考えたことは、「12 物の感じを表す語について」のところで述べたとおりである。

喜び、苦しみなどの感情に関し、あたりまえすぎることかもしれないものの、「喜び」、「苦しみ」などがこれらの感情を表す語である。それでは、これらの語は実際に物の感じとともに生じる喜び、苦しみなどの感情や考えること疑うことなどとともに生じる喜び、苦しみなどの感情をどのように表しているのであろうか。「喜び」という語で喜びの感情を表すケースとして、好物の料理を食べるとき、夏休みの旅行のことを考えるときなどが考えられる。これらの感情には共通点があり、そのような共通点がある感情は「喜び」という共通の語で表されている。他方、「喜び」という共通の語で感情が表される好物の料理を食べるとき、夏休みの旅行のことを考えるときではあるものの、それらの感情の具合には違いがあるかもしれず、そのような違いがあっても、「喜び」という共通の語でそれらの感情を表すのは、感情の認知においてそのような違いは考慮しないことによる。今、「喜び」という語で考えたことは、「苦しみ」という語でも同じように当てはまるものと考えられる。

また、喜び、苦しみなどの感情を表す語も、身体を用いた言葉の学習を通じて習得したものとすると、そのように習得した喜び、苦しみなどの感情の区切りと整合するように、喜びの感情の共通点、苦しみの感情の共通点なども見出されるものと考えられる。さらに、実際に生じている喜び、苦しみなどの感情は、喜びの感情を例に取ると、先ほど述べたように、好物の料理を食べるとき、夏休みの旅行のことを考えるときの喜びの感情であって、それらとは別に共通点であるような喜びの感情は生じていない。「喜び」という語が表す心の状態は、好物の料理を食べるときの「喜び」の感じは、好物の料理を食べるという文脈において生じたものであり、夏休みの旅行のことを考えるときに生じる「喜び」の感じは、夏休みの旅行のことを考えるという文脈において生じる「喜び」の感じであることから、これらの「喜び」の感じは心の状態における文脈独立的な構成要素ではないものと考えられる。

はじめに述べたように、自らの心の状態を認知する心の働きによってもたらされる心の状態も認知の素材である。このような認知の素材となる心の状態として、物の感じが生じる心の状態、記憶や想像力をたよりにして過去や未来のことなどを思っている心の状態、考えたり、信じたり、欲したりしている心の状態、喜び、苦しみなどの感情が生じている心の状態が考えられる。これらの心の状態を表す語として、「物の感じが生じている」、「思う」、「考える」、「信じる」、「欲する」、「感情が生じている」が考えられる。これらの語が表す心の状態は、その一つの語、例えば「考える」が表す心の状態であっても、心の状態が生じている状況は異なっている。そのように生じる状況が異なる心の状態ではあるものの共通点もあり、そのように共通点のある心の状態を「考える」という共通の語で表している。他方、「考える」という共通の語で表される心の状態であるものの、考える程度の差のような違いがあったとしても、「考える」という共通の語でそれらの心の状態を表すのは、心の状態の認知において、そのような違いを考慮しないことによる。

また、自らの心の状態を認知する心の働きによってもたらされる心の状態を表す語も、身体を用いた言葉の学習を通じて習得したものとすると、そのような語が表す心の状態は、物の感じを表す語や感情を表す語のときと同様、心の状態における文脈独立的な構成要素ではないものと考えられる。

14

認知と言葉の関わりについて

「5　考える働きについて」のところで述べたように、考える働きにおいて、認知の素材を分節すること、分節されたものの関係を見出すこと、分節されたものを結びつけることは基礎的なものと位置付けられる。以下、これらの基礎的な考える働きによってもたらされるものと言葉との関わりについて、考えてみたい。

認知の素材は、「4　認知の素材について」のところで述べたように、感覚器官で物を捉えるときの物の感じ、喜びや苦しみの感じ、そして自らの心の状態を認知する心の働きによってもたらされる心の状態から成る。このうち、感覚器官で物を捉えるときの物の感じは、「12　物の感じを表す語について」のところで述べたように、視覚器官、聴覚器官、味覚器官、臭覚器官、触覚器官ごとに、それらの分節の区切りを表す語がある。また喜びや苦しみの感じ、自らの心の状態を認知する心の働きによってもたらされる心の状態も、「13　認知の素材を表す語について」のところで述べたように、それらの心の状態を表す語がある。語は言葉の構成要素である。

分節されたものの関係として、共存、上下、左右、前後のような空間的関係、同時、前後のような時間的関係、異同関係などが考えられ(注33)、これらの関係と言葉との関わりについて、共存を例にとって考えてみたい。いくつかの分節されたものが共存という関係にあることを、異なる状況の下で見出す一方、身体を用いた言葉の学習をつうじて、「共存」という語を習得したものとすると、物の感じと言葉との関わり同様、異なる状況の下で見出される共存という関係が、「共存」という共通の語で表されることとなる。今共存という関係で考えたことは、共存以外の関係でも当てはまるものと考えられる。

分節されたものを結びつけることでもたらされるものとして、「5　考える働きについて」のところで述べたように、ある物（実は皿であるとする）を見て白くて丸いと感じ、手で触って冷たく、固いと感じたとすると、分節された物の感じである白い感じ、丸い感じ、冷たい感じ、固い感じが共に在るという関係が見出されることから、これらの分節された物の感じが結合されたものがもたらされることとなる。このように分節された物の感じが結合されたものは、実際に在る物（この場合は皿）を視覚器官、触覚器官で捉えるときに生ずる心の状態であり、そのような心の状態を表すものとして、その物を表す語（この場合は「皿」）が、身体を用いた言葉の学習により習得されることとなる。

また、分節されたものを結びつけることでもたらされるものとして、やはり「5　考える働きについて」のところで述べたように、金色の感じと鳥の形の感じが結合されたものがもたらされることが考えられる。このように結合されたものは、実際に在る物を視覚器官で捉えるときに生ずる心の状態ではないものの、想像するときに生ずる心の状態であり、そのような心の状態を表す語として、「金色の鳥」が考えられる。(注34)

以上のように、基礎的な考える働きによってもたらされるものは、いずれも言葉で表されることから、このような考える働きに支えられた認知全般も、言葉で表されることが想定される。

また、認知全般が基礎的な考える働きによって支えられているとすると、例えば、物理学や化学における対象の概念もこのような考える働きによってもたらされることとなる。このことを確認するためには、対象が持つと考えられる属性を特定した上で、ひとつひとつ属性を構成する各要素が持ついわば下位の属性を捉えるといったことを、その対象の概念が表すものは実は分節された認知の素材が複雑に結合されているものであることが示されるまで、繰り返すことが考えられる。

先に述べたように、認知全般は言葉で表されると想定され、また、考えることは、実際上、言葉を用いて行われる。(注35)「11 言葉について」のところで述べたように、言葉は人が身体を動かして作り出すものであり、身体を動かすにあたっては、動かす部位と脳との神経を介在した結びつきが必要となる。これらのことを、「10　心と身体について」におけるる「心と身体についての考え方」のところで述べたように、心の状態は脳の状態とともに生じ、心の状態が身体の状態と関係を持つときは、心の状態とともに生じる脳の状態がその身体の状態と関係を持つとすることと考え合わせると、心の状態が言葉で表されるとき、心の状態とともに生じる脳の状態が言葉を作り出す身体の動きに結びついているとするものである。このように考えることは、心の状態と脳の状態は言葉を介するものの、実質的に表されるものと表すものの関係にあると考えることである。

「11　言葉について」のところでは、はじめ言葉を声や文字などの物の状態であるとした上で、言葉を意味とそのような物の状態が結びついたものと捉え直している。そのように捉え直された言葉における意味と声や文字などとの関係は、表されるものと表すものの関係となる。生きている人間における心の状態とそれとともに生じる脳の状態との関係は、意味を持つ言葉における意味とそれを表す声や文字などとの関係と類似している。(注36)

注記

（注1）ロックは、観念（idea）の源泉として感覚（sensation）と内省（reflection）を挙げ、感覚は感覚器官（senses）に依存すること、内省とは心の働きの認知（perception）であるとしている。参考文献に挙げた*JOHN LOCKE An Essay concerning Human Understanding*を参照（同参考文献：II. i. §3-§4）。以下本書において、同参考文献をロック参考文献と略記することとする。

（注2）ロックは観念を生む力を物の性質と呼び、性質には固体性（solidity）、広がり（extension）、形（figure）などの一次的性質（primary qualities）と色、音などの感覚を生む力である二次的性質（secondary qualities）があるとしている（ロック参考文献：II. viii. §8-§9-§10）。

（注3）ロックは一次的性質の観念は物体に類似しその原型（pattern）は物体の中に存在するが、二次的性質の観念は物体には類似しないとしている（ロック参考文献：II. viii. §15）。

（注4）ロックは、一片の氷において人が感じる冷たさ、固さは、ユリのにおい、白さと同様、別個であるなどとした上で、単純観念（simple idea）は心においてひとつの一様な現れ（appearance）以外のものを含まないとしている（ロック参考文献：II. ii. §1）。またロックは、単純観念はすべての知識の素材（material）であり、感覚と内省によってのみ心に示唆され（suggested）、供給される（furnished）としている（ロック参考文献：II. ii. §2）。

（注5）ロックは、一つ以上の感覚器官により伝えられる観念として、視覚器官と触覚器官によるものである空

間（space）または広がり、形、静止、運動の観念を挙げている（ロック参考文献：II. iii. §1, II. v）。

（注6）ロックは、喜び（pleasure）や苦しみ（pain）などは感覚と内省からのものとしている（ロック参考文献：II. vii. §2）。

（注7）ロックは感覚や内省とは別の働きとして、比較（comparing）、構成（composition）、抽象（abstraction）などの心の働きについて考察している。その考察では、関係（relation）の下に包含される観念は比較に依存する、構成は感覚や内省から受け取った単純観念を結合して複合観念（complex idea）にする、抽象によって個々の存在から得られた観念は同じ種類のものの一般的で代表的な例（general representative）になるなどとしている（ロック参考文献：II. xi. §4-§6-§9）。またロックは、複合観念は実体（substance）、様態（mode）、関係の下に整理されるとする中、実体の観念はそれ自身で存在する個々のものを表すと解されるような単純観念の結合であるとして鉛や人間の観念を挙げる一方、様態の観念はそれ自身で存在するとは想像しない実体への依存状態（dependence）、影響（affection）であるとして三角形、感謝、殺人の語で表される観念を挙げている（ロック参考文献：II. xii. §3-§4-§6）。

（注8）ロックは、私たちは物体によって固体性が空間を占めると考える（conceive）としている（ロック参考文献：II. iv. §2）。また、空間は視覚と触覚による単純観念であるとしている（ロック参考文献：II. xiii. §2）。

（注9）ロックは、内省が継起（succession）の観念を供給し、継起の部分の間の隔たりを持続（duration）と呼ぶとしている（ロック参考文献：II. xiv. §3）。また持続の一定不変の基準は保持できないとし（ロック参考文献：II. xiv. §18）、太陽の運行と持続とを互いの基準とするのは誤解であるとしている（ロック参考文献：II. xiv. §19）。

（注10）ロックは、感覚器官に対する外部の対象の影響や自身の決定により、同様の変化は将来も同じものにお

いて同様の作因（agent）により同様の方法で作られると、観察されるものから判断する中、一方の中に単純観念が変化させられる可能性を、もう一方の中にその変化を生じさせる可能性を考えることで力の観念を手に入れるとしている（ロック参考文献：II. xxi. §1）。

（注11）ロックは（注7）で述べたように、実体の観念はそれ自身で存在すると解される個々のものを表すと解される単純観念の結合としている。皿という物の観念は実体の観念のひとつである。

（注12）参考文献に挙げた金杉武司『心の哲学入門』（序章「心とは何か?」という問い、2　心の哲学の二つのテーゼ）から引用した。

（注13）（注12）に挙げた参考文献（序章「心とは何か?」という問い、2　心の哲学の二つのテーゼ）から引用した。

（注14）（注12）に挙げた参考文献（第1章　心の因果性、2　二元論と心の因果性）から引用した。

（注15）（注12）に挙げた参考文献（第1章　心の因果性、2　二元論と心の因果性）から引用した。

（注16）（注12）に挙げた参考文献（第1章　心の因果性、3　心脳同一説）から引用した。なお、同文献では心脳同一説に加え、機能主義、消去主義、解釈主義といった立場の説明がなされている。

（注17）（注12）に挙げた参考文献（第1章　心の因果性、3　心脳同一説）から引用した。

（注18）ロックは、物質的実体と精神的実体とを区別して論じている（ロック参考文献：II. xxiii. §4-§5）。

（注19）ロック参考文献（IV. iii. §28）に基づく。

（注20）現代イギリスの哲学者、哲学史家であるアンソニー・ケニーにトマス・アクィナスの心の哲学についての著作がある。参考文献にあげたアンソニー・ケニー（川添信介訳）『トマス・アクィナスの心の哲学』がその著作である。

（注21）参考文献に挙げた *THOMAS AQUINAS Selected Philosophical Writings* (Selected and translated with an Introduction and Notes by TIMOTHY McDERMOTT) の「Soul in Human Beings」にある「So our conclusion is that soul is itself a thing in the sense of being able to subsist by itself, but one which does not posses a complete specific nature of its own ; rather it is something which completes a human being's specific nature by being the form of a human body.」の下線部分を私的に訳したものである。

（注22）（注21）に挙げた参考文献の「Soul in Human Beings」にある「to 1: Even if soul has a complete existence it doesn't follow that body is joined to it incidentally. For one reason, soul shares that very same existence with body so that there is one existence of the whole composite; and for another, even though soul can subsist of itself, it doesn't have a complete specific nature, but body is joined to it to complete its nature ...」の下線部分を私的に訳したものである。

（注23）（注21）に挙げた参考文献の英訳注に基づく。

（注24）この構図には、魂はそれ自身で存在するとすること、全体の複合体という一つの存在があるように魂はその存在を身体と分かつとすることを含めていない。

（注25）参考文献に挙げたジェグォン・キム（太田雅子訳）『物理世界のなかの心』（第一章　心身問題、2　スーパーヴィーニエンスは心身の理論ではない）から引用した。

（注26）（注25）に挙げた参考文献（第二章　心的因果の多くの問題、2　スーパーヴィーニエンス論法、あるいはデカルトの報復）から引用した。

（注27）「可能的」、「現実的」の語は、「3　物質の性質について」のところで、「白い皿は白さを可能的な性質として持っており、白さが現実的となるのは、人がある条件下（例えば裸眼）で実際にその皿を見る場合

である」と用いているのと同様に用いている。（注20）に挙げたケニーの参考文献において、トマスが用いたアリストテレスの用語として「可能態」、「現実態」の語があるとしている（同参考文献：第二章心と形而上学）。

（注28）ロックは、分節された音は語と呼ばれるとした上で（ロック参考文献：III. i. §1）、分節された音を内的概念の記号（sign）として用い、観念を表すしるし（mark）とすることができる必要があるとしている（ロック参考文献：III. i. §2）。「2 認知について」のところで述べたように、何かを思う、考える、信じる、欲することは観念を形成することと考えられる。

（注29）ロックは、観念は時間、場所という情況やそれを個々の存在に限定するかもしれない他のどんな観念からも切り離すことで一般的となるとしている（ロック参考文献：III. iii. §6）。

（注30）参考文献に挙げた金杉武司『心の哲学入門』（第3章 心の志向性、2 命題的態度）から引用した。

（注31）（注30）に挙げた参考文献（第4章 心の合理性、2 消去主義）から引用した。

（注32）ロックは、定義とは一つの語の意味をいくつかの他の同義でない語によって示すことであると同意されているものとした上で、単純観念の名は定義されることはできず、単純観念が得られるのは心に作られた印象によってのみであるとしている（ロック参考文献：III. iv. §6-§7-§11）。

（注33）因果関係の認知は、力の認知として、「8 力の認知について」のところで考察した。

（注34）「金色の鳥」という語が表すものは、それ自身で存在するとは想像しないものであり、（注7）で述べたような様態の観念のひとつである。

（注35）ロックは、ほとんどの人は考えたり、推論したりする際に観念のかわりに語を使用するとしている（ロック参考文献：IV. v. §4）。

（注36）（注28）で述べたように、ロックは分節された音を観念を表すしるしとすることの必要性について考察している。「2　認知について」のところで述べたように、観念は心の状態として捉えられる。

参考文献

金杉武司『心の哲学入門』勁草書房、２００７
ジェグォン・キム（太田雅子訳）『物理世界のなかの心』勁草書房、２００６
アンソニー・ケニー（川添信介訳）『トマス・アクィナスの心の哲学』勁草書房、１９９７
JOHN LOCKE An Essay concerning Human Understanding (Abridged with an Introduction and Notes by PAULINE PHEMISTER) OXFORD UNIVERSITY PRESS, 2008
THOMAS AQUINAS Selected Philosophical Writings (Selected and translated with an Introduction and Notes by TIMOTHY McDERMOTT) OXFORD UNIVERSI PRESS, 2008

緒方　寿雄（おがた　としお）

1954年生まれ。東京大学理学部数学科卒業。損害保険会社に勤務し、確率、統計が関わる事柄の業務や内部監査業務などに従事。退職後は、在職時には手掛けにくかったことに取り組んでいる。

感じることから探る心についてのエッセイ

2023年11月26日　初版第1刷発行

著　　者　緒方寿雄
発 行 者　中田典昭
発 行 所　東京図書出版
発行発売　株式会社 リフレ出版
〒112-0001　東京都文京区白山 5-4-1-2F
電話 (03)6772-7906　FAX 0120-41-8080
印　　刷　株式会社 ブレイン

ISBN978-4-86641-699-1 C0010
Printed in Japan 2023